LES

ANIMAUX ET LES LOIS

PAR

Henri DUMÉRIL

DOCTEUR EN DROIT, LICENCIÉ ÈS LETTRES,
BIBLIOTHÉCAIRE DE LA BIBLIOTHÈQUE UNIVERSITAIRE DE TOULOUSE.

PARIS

ERNEST THORIN, ÉDITEUR

Libraire du Collège de France, de l'École normale supérieure,
des Écoles françaises d'Athènes et de Rome

7, RUE DE MÉDICIS, 7

1880

LES

ANIMAUX ET LES LOIS

Extrait de la *Revue générale du droit.*

TOULOUSE. — IMP. A. CHAUVIN ET FILS, RUE DES SALÉNQUES, 28.

LES

ANIMAUX ET LES LOIS

PAR

Henri DUMÉRIL

DOCTEUR EN DROIT, LICENCIÉ ÈS LETTRES,
BIBLIOTHÉCAIRE DE LA BIBLIOTHÈQUE UNIVERSITAIRE DE TOULOUSE.

PARIS

ERNEST THORIN, ÉDITEUR

Libraire du Collège de France, de l'École normale supérieure,
des Écoles françaises d'Athènes et de Rome
7, RUE DE MÉDICIS, 7

1880

ANIMAUX ET LES LOIS

Les philosophes se sont beaucoup occupés des animaux ; dans les dernières années, un grand nombre de travaux, remarquables à divers titres, ont été publiés sur l'âme des bêtes, sur l'instinct et l'intelligence chez elles. Les jurisconsultes, au contraire, ont rarement abordé ce sujet, qui méritait pourtant d'attirer leur attention, et, quand ils l'ont fait, ils ne l'ont pas, le plus souvent, envisagé dans son ensemble ; ils n'ont traité que des points de détails. Nous voudrions aujourd'hui présenter un aperçu des lois qui, dans les législations des divers pays et des diverses époques, ont régi les animaux, considérés comme êtres actifs ou sensibles.

Dans la sphère juridique, la situation de l'animal peut être envisagée à des points de vue différents ; c'est d'abord un objet, susceptible d'appropriation, au même titre que toutes les *res intra commercium*, plantes, ustensiles ou fonds de terre ; le droit civil ne voit en lui qu'une chose, et il en fera, suivant les cas, tantôt un meuble, tantôt un immeuble par destination. (Art. 524 du Code civ.). Mais la nature de l'animal le distingue nettement des autres êtres, organisés ou non, répandus sur la surface du globe ; il renferme en lui un principe actif, instinctif ou libre, peu importe, en tout cas indépendant des impulsions extérieures ; il est, de plus, doué de sensibilité ; il ressent le plaisir et la douleur ; il a des affections et des haines ; il a des appétits qu'il cherche à satisfaire. Bien inférieur à l'homme, il présente pourtant avec lui plus d'un trait de ressemblance ; faut-il donc s'étonner si les législateurs ont souvent édicté pour les animaux certaines dispositions spéciales, soit qu'ils voulussent les punir pour les dommages causés par eux, soit, au contraire, qu'ils cherchassent à les protéger contre les mauvais traitements ? L'étude de ces dispositions n'est pas sans intérêt ; elles ont varié presque à l'infini avec les religions, les mœurs, les doctrines philosophiques ; on y retrouve tantôt les exemples des plus singulières aberrations, tantôt les preuves d'une humanité louable.

Voyons, en premier lieu, comment on a réprimé les actes nuisibles commis par les animaux ; nous ferons ensuite le tableau des mesures destinées à les défendre.

L'article 1385 de notre Code civil s'exprime ainsi : Le propriétaire d'un animal, ou celui qui s'en sert, pendant qu'il est à son usage, est responsable du dommage que l'animal a causé, soit que l'animal fût sous sa garde, soit qu'il se fût égaré ou échappé ; et l'article 1386 continue : Le propriétaire d'un bâtiment est responsable du dommage causé par sa ruine, lorsqu'elle est arrivée par suite du défaut d'entretien ou par le vice de sa construction. Ainsi donc, chez nous, assimilation complète entre l'animal et la chose inerte ; que ce soit l'un ou l'autre qui fasse tort à quelqu'un dans sa personne ou dans ses biens, le propriétaire est toujours responsable civilement ; mais la loi ne prononce aucune peine contre l'agent aveugle du dommage. Le taureau qui, furieux, aura éventré de ses cornes le premier passant pourra être abattu comme dangereux ; aucune procédure ne sera suivie contre lui, pas plus que contre la maison qui, en s'écroulant, aura enseveli ses habitants sous les décombres. Et notre Code ne fait que suivre en cela les traditions romaines. Il suffit de rappeler le titre IX du livre IV des Institutes de Justinien : *Si quadrupes pauperiem fecisse dicatur*, et les principes concernant l'action *de pauperie* dirigée contre le maître afin de lui faire abandonner l'animal au demandeur ou réparer les dégâts. Il nous semble aujourd'hui que c'est là la seule législation possible, et pourtant, pendant tout le moyen âge et jusque dans les temps modernes, on a suivi des principes bien différents.

La loi de Moïse disait : *Si bos cornu percusserit virum aut mulierem, et mortui fuerint, lapidibus obruetur, et non comedentur carnes ejus, dominus quoque bovis innocens erit* (Exode, chap. XXI, verset 28). Nous pouvons constater dans une partie de cette disposition un esprit analogue à celui qui animait la législation romaine. En droit romain, on n'admettait pas qu'une chose pût causer à son maître un dommage supérieur à sa propre valeur, et le maître de l'esclave, de l'animal ou des matériaux qui avaient fait tort à autrui pouvait se décharger de toute responsabilité par l'abandon noxal de la chose nuisible ; de même, d'après la loi hébraïque, le propriétaire du bœuf n'a rien à craindre s'il le sacrifie, *dominus quoque innocens erit*, à moins, comme l'indiquent les versets suivants, qu'il ne connût les dispositions farouches de l'animal et qu'il n'eût pas pris les précautions nécessaires. Mais, à part ce trait commun, quelle divergence entre les deux législations ! L'abandon noxal à Rome avait le caractère d'une indemnité, indemnité souvent insuffisante, il est vrai, puisqu'une personne gravement lésée pouvait ne recevoir, pour toute compensation, qu'un objet insignifiant ou un animal sans valeur. Dans la loi mosaïque, il y a une peine prononcée contre le bœuf auteur de l'accident ; il sera lapidé, *lapidibus obruetur*, et une sorte de malédiction s'attache à ses restes, *non comedentur carnes ejus*.

Le moyen âge reprit, en l'exagérant, la tradition juive ; nous trouvons à cette époque des procédures singulières dont on a longtemps nié l'existence, mais dont il est maintenant impossible de méconnaître l'authenticité, procédures dirigées soit devant la justice ordinaire contre tel ou tels animaux déterminés, soit devant l'autorité ecclésiastique contre une race entière. Ce point spécial a été l'objet d'études récentes et assez nombreuses ; nous nous contenterons de renvoyer le lecteur à ces travaux, après avoir cité quelques exemples.

L'ouvrage de M. Sorel, sur les *Procès suivis contre les animaux dans la Picardie et le Valois*, nous présente le curieux tableau des formalités adoptées par les cours d'Eglise en ces sortes d'affaires : Les populations qui avaient à se plaindre des dégâts commis par certains insectes ou par des bêtes nuisibles choisissaient un procureur pour les représenter en justice, puis adressaient leurs doléances sous forme de requête au juge ecclésiastique. Cette requête devait contenir le signalement des délinquants et une désignation exacte des endroits ravagés. Le juge alors autorisait la citation en justice de la gent dévastatrice. Un sergent se rendait sur les lieux mêmes où se tenaient les animaux et les assignait à comparaître, à des jours et heures indiqués, devant le magistrat... Cette citation était renouvelée par trois fois, sans plus d'effet naturellement ; alors le juge désignait aux défendeurs défaillants un avocat d'office qui employait tous les nombreux expédients que lui fournissaient les règles compliquées de la procédure : fins de non-recevoir, exceptions dilatoires, sursis, nullités. Puis intervenait un monitoire sommant les bêtes malfaisantes de déguerpir dans un certain délai. La vermine n'obéissant pas, à moins qu'elle n'eût disparu d'elle-même pendant les diverses formalités ci-dessus, il était procédé à son excommunication. Ces règles bizarres ne s'établirent d'ailleurs qu'assez tard ; mais bien avant qu'elles fussent en vigueur, on avait vu de pieux personnages se servir des foudres de l'Eglise contre certaines races malfaisantes.

En 1120, l'évêque de Laon excommunie les mulots et les chenilles.

En 1121, saint Bernard, d'après son biographe Guillaume, abbé de Saint-Thierry de Reims, fulmine l'anathème, sans autre forme de procès, contre les mouches qui pullulaient dans la chapelle de l'abbaye de Foigny, *ut earum sonitus improbusque discussus gravem nimis introeuntibus molestiam generaret.* Le matin, ajoute le chroniqueur émerveillé, mais convaincu, on les trouva toutes mortes. — En 1451, les sangsues furent, à Berne, l'objet d'une pénalité semblable ; j'ignore si on la trouva efficace. — En 1596, l'évêque de Cavaillon exorcisa les dauphins qui avaient envahi le port de Marseille, et ils partirent, dit-on, sans retour.

Dans ces diverses circonstances, on ne s'était pas assujetti à des formes régulières ; mais, sous François Ier et ses successeurs, la procédure fut suivie ordinairement telle que nous l'avons décrite.

Les habitants de Coire ayant intenté un procès aux cantharides, le juge, *attendu leur petitesse et leur éloignement de l'âge de majorité*, leur nomma un curateur qui obtint qu'en les expulsant on leur désignerait un territoire où elles pourraient se retirer. Et aujourd'hui encore, dit Malléolus, les habitants passent chaque année un bon contrat avec les cantharides susdites et abandonnent à ces insectes une certaine étendue de terrain, si bien que les scarabées s'en contentent et ne cherchent point à sortir des limites convenues (1). Qui aurait cru que les cantharides connussent si bien le principe écrit dans l'article 1134 du code civil : *La convention fait la loi des parties ?*

En 1710, nous voyons encore excommunier, sur la requête des habitants de Grignon près Montbard, en Bourgogne, les « rats, souris et autres insectes » qui ravageaient leurs récoltes.

Nous avons dit que des poursuites individuelles étaient aussi exercées contre les bêtes coupables de quelque délit ; ici les

_____

(1) M. A. Mangin, *Les bêtes criminelles au moyen âge.*

exemples sont plus nombreux et plus connus encore. Nous n'en citerons que quelques-uns : En 1499, le bailliage de l'abbaye de Beaupré condamna à être pendu un taureau qui avait « par furiosité occis un jeune fils de quatorze à quinze ans. » L'an 1585 y eut, dit Hendrick, à l'hostelerie du Mortier-d'Or, en la rue du Haut-Pont, à Saint-Omer, un enfant estranglé par un pourceau, lequel fut jugé et exécuté au gibet sur le Marchiet, et fut tiré avec une poulie amont, puis estranglé. De là il fut mené en pasture sur le chemin d'Arques et illet pendu à une potence et laissé en cet état par longues espaces (1). Ces exécutions se faisaient en général avec tout l'appareil usité en semblable circonstance, devant le *maistre de la haulte justice*, et, après la mort du coupable, les officiers municipaux faisaient un banquet, sans doute aux frais de son propriétaire. N'y avait-il pas là pour eux un encouragement à poursuivre tous les quadrupèdes délinquants ? D'après quelques auteurs (M. A. Mangin, *loc. cit.*), avant de condamner les malheureuses bêtes, on les avait mises à la question, et les cris que la douleur leur arrachait étaient considérés comme des aveux. Le meurtre n'était pas le seul crime que l'on punît chez les animaux ; il en est qui furent exécutés pour sorcellerie : tel est le cas d'un coq condamné au bûcher, à Bâle, en 1474, pour avoir pondu un œuf ! L'œuf en question fut brûlé avec lui ; la superstition populaire voyait dans les œufs de coq une production de l'esprit malin.

Parfois ce n'était pas un seul animal qui était ainsi jugé, mais un troupeau tout entier. En 1379, des porcs ayant tué, près de la ville de Jussey, un petit garçon du nom de Perrinot Muet, il fut question de condamner le troupeau en masse, au grand détriment de ses propriétaires, puisque les animaux suppliciés, considérés comme impurs, ne pouvaient servir à l'alimentation et étaient enfouis. Ainsi, à Rome, quand un esclave avait assassiné son maître, on faisait périr sans distinction tous les membres de la *familia* qui résidaient sous le même toit (2). Il fallut des lettres de grâce du duc de Bourgogne pour empêcher une exécution en bloc ; trois truies et un pourceau, auteurs principaux du crime, furent seuls mis à mort ; les autres furent épargnés.

(1) J. Derheims, *Histoire de Saint-Omer*, p. 327, note 2.
(2) Tacite, *Annales*, XIV, 42.

Parmi les croyances les plus bizarres du moyen âge, nous devons assurément compter celle au prétendu jugement de Dieu. Les animaux furent-ils admis au duel judiciaire? Un épisode fameux semblerait prouver l'affirmative. Aubry de Mont-didier, chevalier picard, était mort assassiné. Le meurtrier était resté inconnu; mais le chien d'Aubry ne cessait de poursuivre Richard de Macaire. Des soupçons s'élevèrent contre ce dernier. Le roi de France ordonna une lutte en champ clos entre le gen-tilhomme inculpé et son singulier accusateur; la victoire resta au lévrier. Telle est l'histoire, célébrée en France et en Alle-magne dans mainte ballade, du chien de Montargis; elle nous paraît conforme aux mœurs de l'époque, mais l'authenticité n'en est pas démontrée, et beaucoup y voient aujourd'hui une invention des trouvères, invention renouvelée des Grecs même, car Plutarque rapporte une aventure analogue dans son traité intitulé : *Quels sont les animaux les plus avisés?*

Les procédures que nous avons décrites ne s'étaient pas in-troduites sans protestation. Beaumanoir s'était élevé contre elles dans sa *Coutume du Beauvoisis*; saint Thomas d'Aquin, dans sa *Somme théologique*, avait blâmé hautement les excommunica-tions prononcées contre des êtres privés de raison, et Léonard Vair, bénédictin espagnol, les avait qualifiées de péchés et de blasphèmes : Vouloir soumettre les bêtes brutes à l'excommunication, c'est tout de même, disait-il, que si quelqu'un voulait baptiser un chien ou une pierre. Les praticiens n'avaient écouté ni théologiens, ni juris-consultes, et M. Berriat-Saint-Prix cite encore une sentence rendue en 1741 contre une vache. Bien mieux, les terroristes, imitateurs souvent trop fidèles de l'ancien régime auxquels ils vouaient toute leur exécration, suivirent encore ici ses tradi-tions. M. Campardon, dans son *Histoire du tribunal révolution-naire de Paris*, cite un procès-verbal adressé à Fouquier-Tin-ville de l'exécution d'un chien condamné à mort par cette juridiction. Ce chien, aristocrate endurci, avait mordu les mar-chands de journaux patriotes. La manière dont il aboyait sem-blait impliquer des menaces contre le nouvel ordre de choses. Il fut assommé en présence d'un inspecteur de police, tandis que son maître, nommé Saint-Prix, montait sur l'échafaud. Nous ne citerons que comme exemple de distraction un juge-ment du tribunal de Troyes du 30 novembre 1845. Cette sentence condamnait un lévrier, qui avait été le complice de son maître chassant en temps prohibé, à être détruit à la diligence du Procureur du Roi. La Cour de Paris décida en appel que le chien ne pouvait être considéré comme un engin prohibé, tombant sous le coup de l'article 16 de la loi du 3 mai 1844, et personne n'avait songé à considérer la pauvre bête comme ayant sciemment méprisé les lois. Elle eut donc la vie sauve (1).

Telle est, esquissée dans ses principaux traits, l'histoire judiciaire des animaux. On a cherché à expliquer les procédures en usage sous l'ancien régime de diverses manières : on y a vu des pratiques destinées à inspirer au vulgaire l'horreur du crime et le respect de la justice. Nous avons peine à croire que telles aient été les intentions des hommes du quatorzième et du quinzième siècle ; ils étaient inspirés par des idées religieuses étroites et des textes mal compris. Il n'est pas surprenant que l'on ait intenté des actions contre des animaux sur la foi de quelques passages de la Bible, quand on puisait des arguments dans le même livre pour soutenir que le royaume de France ne devait pas tomber en quenouille. Les siècles postérieurs n'étaient pas sous l'empire des mêmes préjugés ; mais qui ne sait combien les juristes tiennent à la tradition ? C'est avec regret qu'ils virent, sous Louis XVI, abolir la torture ; il est naturel qu'ils aient soigneusement observé les formes dérisoires dont nous avons parlé. Les justices seigneuriales les conservèrent d'autant plus volontiers qu'elles y voyaient un moyen de ne pas laisser tomber leurs droits en péremption. Elles exerçaient comme le dit l'auteur d'un ouvrage sur les coutumes locales d'Amiens, leur prérogative contre les bêtes en attendant l'occasion de l'exercer contre les hommes (2).

(1) *Gazette des tribunaux*, 23 janvier 1846. — M. Sorel, *op. cit.*

(2) On peut voir un certain nombre de conjectures faites à ce sujet dans l'intéressante brochure de M. Sorel que nous avons citée plus haut et qui nous a été fort utile pour cette partie de notre travail. Nous trouvons aussi une explication des procédures ecclésiastiques, qui mérite d'être rapportée, dans le *Traité des excommunications et monitoires* de Jacques Eveillon, chanoine de l'église d'Angers (p. 522 de la 2ᵉ édit., Paris, 1772). « C'est une chose certaine en théologie, » dit-il, « qu'il n'y a que l'homme baptisé qui puisse être excommunié, d'autant que l'excommunication est une censure ordonnée pour la punition des crimes des hommes qui sont sous la juridiction de l'Eglise, pour remède de leur désobéissance et contumace aux lois et commandements de l'Eglise, et pour les contraindre de se corriger et amender quand ils ont délinqué. Or les animaux, soient grands,

Examinons à présent quelle est la protection que l'on a accordée autrefois aux animaux et celle dont on les entoure encore aujourd'hui. Nous ne parlerons pas ici, naturellement, des lois des peuples qui, comme les anciens Egyptiens, les adoraient ou adoraient certaines races parmi eux. Le fétichisme constitue assurément une des formes les plus intéressantes des superstitions humaines. On en a donné des explications diverses, souvent ingénieuses, toutes hypothétiques. Il est évident que chez les nations professant un tel culte, l'impie qui ose porter la main sur le quadrupède ou l'oiseau vénéré encourt les derniers châtiments (1) ; par une singulière inconséquence,

» soient petits, n'ont ni raison, ni jugement, ni volonté et par conséquent ne sont
» capables de faire bien ou mal, d'obéir ou désobéir, ni de s'amender ou de recon-
» naître leurs fautes. Ils ne peuvent donc en aucune façon être excommuniés.
» Partant s'il se trouve quelquefois qu'il soit dit qu'ils ont été excommuniés ou
» anathématisés, c'est une façon de parler impropre et abusive pour dire qu'ils ont
» été maudits, abhorrés et tenus en exécration, comme les excommuniés, ou qu'ils
» ont été adjurés pour empêcher qu'ils ne nuisissent ou fissent aucun dommage ;
» ce qui se peut faire, non seulement aux bétes brutes, mais même aux choses qui
» sont dénuées de sentiment. Il s'en trouve assez d'exemples... » L'auteur cite
alors, d'après l'*Histoire des Indes* du P. J.-P. Maffée, le fait d'un navire portugais
sauvé par une adjuration semblable d'un monstre marin : « Un prêtre revêtu de
» surplis et d'estole se présente sur le bord du vaisseau la croix en main, et à
» force de prières et invocations ecclésiastiques adjure et exorcise le monstre. Au
» même instant ce monstre, obéissant à l'autorité de l'Eglise, après avoir jeté des
» narines en haut une grande quantité d'eau, se coula paisiblement en la mer sans
» faire aucun mal... » Il distingue deux sortes d'adjurations : l'une qui se fait par
forme de prière, l'autre de commandement. L'adjuration de la première espèce
s'adresse à Dieu et aux saints ; celle de la seconde aux démons, et il rapporte ce
que dit à ce sujet saint Thomas. « ... Il y a deux causes qui peuvent mouvoir les
» bétes à agir ès-choses dont nous traitons, comme par exemple quand les vers,
» les loches, les mouches ou insectes rongent les arbres, les plantes et les fruits
» des vignes, extraordinairement et par manière de prodige : Dieu, qui dispose
» toutes choses comme il lui plaît pour l'exécution de sa sainte volonté et pour le
» service de sa gloire ; le démon, qui, sous la permission de Dieu, se sert souvent
» des créatures irraisonnables pour nous nuire et exciter de grandes calamités au
» monde. A parler donc proprement, l'adjuration ne se peut faire à toutes ces
» bestioles directement, s'adressant à elles et parlant à elles, pour ce qu'étant pri-
» vées de raison elles ne peuvent entendre ce qu'on leur dirait ou commanderait ;
» mais l'adjuration s'adresse ou à Dieu, qui par sa justice ordonne que ces brutes
» fassent le mal qu'elles font, et au-dessus de leur faculté et puissance naturelle,
» ou au démon... » Quant à l'excommunication prononcée par saint Bernard, ce
n'est qu'une malédiction, « comme celle que Notre-Seigneur prononça contre le
» figuier stérile (en S. Mathieu, 21, et S. Marc, 11), lequel à l'instant devint tout
» sec dès la racine. »
    (1) Hérodote, liv. II, chap. 65.

l'homme n'a presque jamais laissé à Dieu, quelque idée qu'il se fit de sa puissance, le soin de se venger, et les lois sur le sacrilége ont presque toujours compté parmi les plus rigoureuses.

En dehors des peuples qui voyaient dans certains animaux une sorte d'incarnation de la divinité, un grand nombre de législateurs ou de philosophes ont dans l'antiquité recommandé la douceur envers eux. Les lois de Manou prescrivent à ceux qui veulent arriver à la perfection des précautions minutieuses pour éviter de faire périr les plus petits insectes ; une idée religieuse se mêle aussi d'ailleurs à ces préceptes. Les brahmanes admettent la métempsycose, et cette doctrine inspire le respect pour des créatures dont l'âme a peut-être été autrefois humaine. Pythagore, qui l'introduisit en Grèce, proscrivit l'usage de toute nourriture animale, et c'est dans sa bouche que le plus élégant et le plus facile des poètes latins, Ovide, met ces vers charmants :

> *Quid meruistis, oves, placidum pecus, inque tuendos*
> *Natum homines pleno quæ fertis in ubere nectar,*
> *Mollia quæ nobis vestras velamina lanas*
> *Præbetis, vitaque magis quam morte juvatis?*
> *Quid meruere boves, animal sine fraude dolisque,*
> *Innocuum, simplex, natum tolerare labores?*

Ces croyances ont subsisté dans l'Inde jusqu'à notre époque, et les Anglais ont chèrement expié l'oubli qu'ils en avaient fait ; la grande révolte des Cipayes, qui compromit leur empire sur l'Indoustan et qui ne fut réprimée qu'en versant des flots de sang, eut pour occasion, sinon pour cause, la distribution, à ces soldats indigènes, de cartouches enduites de graisse de vache dont ils refusèrent de se servir.

Les Israélites ne croyaient pas à la métempsycose ; pourtant les textes sacrés respirent la mansuétude envers les animaux. Le législateur hébreu veut dans le Pentateuque que le bœuf et l'âne participent comme l'homme au repos du septième jour. « Le juste, dit le livre des Proverbes, s'inquiète de la vie des animaux ; mais les entrailles de l'impie sont sans pitié (1). » Le Talmud va plus loin ; il défend à l'homme de prendre aucune

____

(1) Voyez aussi le *Deutéronome*, XXII, 6 et 7.

nourriture avant d'avoir pourvu à celle des bêtes. D'après l'historien Josèphe, celui qui maltraitait un animal était même puni de peines correctionnelles.

Les Athéniens, après avoir bâti l'Hécatompédon, lâchèrent toutes les mules qui avaient contribué à la construction de cet édifice et les laissèrent paître en liberté. L'une d'elles vint se remettre d'elle-même au travail et prit rang parmi les animaux qui traînaient des chariots à l'Acropole ; un décret ordonna qu'elle serait nourrie aux frais du public (1).

La loi romaine laissa bien longtemps les esclaves sans protection contre la barbarie de leurs maîtres ; à plus forte raison ne trouvons-nous chez elle aucune mesure relative aux animaux. L'arène des cirques buvait à la fois le sang des bêtes et celui des gladiateurs. Le jurisconsulte Ulpien, à la vérité, dans un texte de ses Instituts qui est devenu la loi première, au Digeste, *De justitia et jure*, parle d'un droit naturel, commun aux hommes et à tous les autres habitants de la terre, de l'océan et des airs : « *Jus istud non humani generis proprium, sed omnium animalium quæ in terra, quæ in mari nascuntur ; avium quoque commune est ;* » mais il ne semble avoir tiré de ce principe aucune conséquence pratique. Quelques esprits d'élite montrèrent seuls de la compassion pour les souffrances des auxiliaires de l'homme dans ses travaux. Qui n'a présents à la mémoire les beaux vers du troisième livre des *Géorgiques* :

> *Hinc lætis vituli vulgo moriuntur in herbis,*
> *Et dulces animas plena ad præsepia reddunt,*
> *Hinc canibus blandis rabies venit...*
> *Ecce autem duro fumans sub vomere taurus*
> *Concidit, et mixtum spumis vomit ore cruorem,*
> *Extremosque ciet gemitus. It tristis arator,*
> *Mœrentem abjungens fraternà morte juvencum,*
> *Atque opere in medio defixa relinquit aratra.*

Virgile pouvait-il ne pas être plein de sympathie pour les animaux, lui qui leur prête des sentiments humains jusque dans leur expression :

> *Post bellator equus, positis insignibus, Œthon*
> *It lacrymans, guttisque humectat grandibus ora.*

(1) Plutarque, *Vie de Marcus Caton.*

« Nourrir ses chevaux épuisés par le travail, soigner ses chiens jusque dans leur vieillesse, dit Plutarque, c'est le propre d'un homme naturellement bon. Pour moi, je ne voudrais pas vendre même mon bœuf laboureur parce qu'il aurait vieilli. »

On ne peut qu'applaudir à de telles paroles ; nous y voyons pourtant un exemple de l'inconséquence naturelle à l'homme. Virgile chante, dans maint endroit, les sacrifices sanglants que l'antiquité offrait à la divinité ; Plutarque, prêtre d'Apollon, égorgeait lui-même des victimes ; bien des fois, à une époque plus reculée, l'homme même avait été immolé ; n'était-ce pas là en effet la conséquence logique du désir que l'on prêtait à l'Etre tout-puissant d'avoir de précieuses offrandes? quel holocauste pouvait lui être plus agréable que celui du roi de la création? Ce fut la religion chrétienne qui abolit ces usages à la fois puérils et féroces ; son divin fondateur proscrivit les sacrifices. Le monde païen n'y renonça qu'avec peine. Julien l'Apostat, empereur pourtant éclairé, reproche aux chrétiens, non sans amertume, leur horreur pour ces pieuses boucheries. L'Eglise recommanda la douceur pour les animaux ; elle limita même l'emploi de leur chair comme nourriture ; toute effusion de sang fut sévèrement interdite aux ministres du culte, et l'on voit dans le pénitentiel anglo-saxon d'Egbert des peines instituées pour la sanction de cette défense et graduées suivant le rang occupé par le délinquant dans la hiérarchie ecclésiastique. Ces peines, assez conformes à la nature de la faute commise, consistaient dans une privation plus ou moins longue de l'usage de la viande. Les poissons ne participèrent pas, il est vrai, à cette protection ; mais ils occupent un rang déjà assez bas dans l'échelle des êtres ; le milieu dans lequel ils vivent, leur organisation intime, leur mutité même, tout contribue à les différencier des espèces supérieures, et l'on en concluait sans doute que leur sensibilité était aussi beaucoup moins développée. Cette mansuétude prescrite par l'Eglise paraît n'avoir guère été mise en pratique par les membres de la société laïque. Les mœurs romaines et byzantines étaient trop corrompues pour que le christianisme même suffît à les réformer, et ce n'est certes pas une idée d'humanité, mais un scrupule bizarre qui a inspiré la constitution, ridicule dans la forme et dans le fond, de l'empereur Léon prohibant l'usage du boudin et condamnant ceux qui vendraient ou mangeraient de cet aliment sacrilège, *detestandus cibus*, au fouet, à la tonsure, à la confiscation des biens et à un exil perpétuel. La société germanique était, elle, trop rude et trop grossière pour écouter des leçons de douceur qu'elle comprenait à peine. Il est pourtant une classe d'animaux que les barons entouraient de toute leur sollicitude ; ce n'étaient pas, gardez-vous de le croire, ceux dont Ovide nous parlait tout à l'heure, le bœuf patient qui traîne la charrue, la brebis qui nous fournit son lait et sa laine ; c'étaient les bêtes des forêts, inoffensives ou nuisibles, ruminants ou carnivores, peu importait.

Le goût de la chasse était une des passions dominantes des leudes germains et des seigneurs féodaux. Sans pitié pour l'animal isolé qu'ils poursuivaient pour leur plaisir, ils veillaient avec un soin jaloux à la conservation des espèces. « Guillaume le Conquérant ordonna, dit une chronique contemporaine, que quiconque tuerait un cerf ou une biche eût les yeux crevés ; la défense faite pour les cerfs s'étendit aux sangliers, et il fit même des statuts pour que les lièvres fussent à l'abri de tout péril. Ce roi aimait les bêtes sauvages comme s'il eût été leur père : *amabat rex ferus feras, ac si pater esset ferarum.* » — Le vilain voyait dévaster ses récoltes par les sangliers, ou par les lapins de garenne dont la multiplication devint, en certains pays, un véritable fléau ; les peines les plus sévères l'attendaient s'il essayait de défendre son bien ; et, quand les chasseurs arrivaient, ils détruisaient en poursuivant le gibier ce que celui-ci avait laissé sur pied. Ces abus, nés dès les premiers siècles de l'invasion, se perpétuèrent jusque dans les temps modernes ; la Révolution y mit seule un terme. Aujourd'hui privilèges et droits seigneuriaux ont disparu sans retour, et, si des esprits chagrins accusent encore les lieutenants de louveterie de contribuer à la multiplication des bêtes malfaisantes qu'ils sont chargés de détruire, nous aimons à croire que leurs plaintes sont fondées sur d'injustes préventions.

Mais revenons au moyen âge. Les lois de l'Eglise furent trop souvent violées ou éludées par les ecclésiastiques eux-mêmes. Si un évêque mettait sa conscience en repos en se servant, à la bataille de Bouvines, d'une massue au lieu d'une épée ou d'une lance parce qu'ainsi il obéissait à la lettre du canon défendant aux clercs de verser le sang, doit-on être surpris qu'il y ait eu de nombreuses infractions à ces mêmes règlements quand il s'agissait de chasse ? Walter Scott, dans son roman d'*Ivanhoé*, nous fait le portrait du prêtre mondain de cette époque dans le personnage du révérend Aymer, prieur de Jorvaulx, qui préférait une coupe de vin à son bréviaire, et le son du cor à celui de la cloche.

À une époque bien postérieure Louis XIV, voulant témoigner sa faveur à l'évêque de Soissons lui permit de chasser toute sorte de gibier, et pour cet effet « porter arquebuse et autres armes dans l'étendue des garennes, terres et seigneuries dépendant de l'évêché de Soissons. » Et, à la veille de la Révolution, Louis XVI disait à M. de Dillon, qui fut archevêque de Toulouse puis de Narbonne : « Vous chassez beaucoup ; j'en sais quelque chose. Comment voulez-vous interdire la chasse à vos curés si vous passez votre vie à leur donner l'exemple ? » — « Sire, répondit le prélat, pour mes curés la chasse est leur défaut ; pour moi, c'est le défaut de mes ancêtres. » Ainsi, à en croire M. de Dillon, les membres de l'aristocratie française chassaient de race.

Quand se produisit le grand mouvement intellectuel de la Renaissance, quelques voix s'élevèrent contre les mauvais traitements infligés aux animaux par la fantaisie humaine. « Je ne veois pas esgorger un poulet sans desplaisir, dit Montaigne, et ois impatiemment gémir un lièvre soubs les dents de mes chiens, bien que ce soit un plaisir violent que la chasse... Je ne prends guère beste en vie à qui je ne redonne les champs. Nous debvons la justice aux hommes et la grace et la benignité aux aultres créatures qui en peuvent estre capable ; il y a quelques commerce entre elles et nous, et quelque obligation mutuelle. Je ne crains point à dire la tendresse de ma nature si puerile que je ne puis pas bien refuser à mon chien la feste qu'il m'offre hors de saison, ou qu'il me demande. » Et pourtant, à l'époque même où l'auteur des *Essais* écrivait ces lignes, on brûlait des chats vivants pour le plaisir du roi auteur de la Saint-Barthélemy, preuve frappante de la vérité de ce qu'avance le même écrivain : « Les naturels sanguinaires à l'endroit des bestes témoignent une propension naturelle à la cruauté. »

Il semblait que l'avènement du règne de la philosophie dût mettre un terme à l'inhumanité envers les bêtes qui s'était perpétuée à travers le moyen âge. Il n'en fut pas, malheureusement, ainsi. La philosophie elle-même, en France et dans la plus grande partie de l'Europe, fournit une excuse toute prête à toutes les brutalités. L'influence de Descartes fut presque exclusive au dix-septième siècle, et l'on sait quelles étaient les idées cartésiennes sur les êtres vivants autres que l'homme ; c'étaient, d'après elles, de pures machines, des automates, aussi incapables de sentir que de raisonner. Lafontaine seul protesta ; la fable charmante qui a nom : *les deux Rats*, *le Renard et l'Œuf* contient une réfutation en règle de la théorie cartésienne. Sa voix ne trouva pas d'écho. Une anecdote célèbre montre avec quelle conviction le père Malebranche, homme d'un caractère très doux au demeurant, adoptait sur ce point le système alors en vogue et le mettait en pratique. La philosophie de Descartes, bien que son livre eût été d'abord mis à l'index, devint celle de l'Eglise ; elle fut aussi la doctrine pour ainsi dire officielle dans l'enseignement ; il n'y a pas longtemps qu'elle a cessé de l'être.

Le dix-huitième siècle lui porta les premiers coups. En Angleterre, le peintre moraliste Hogarth, dans une série de ces gravures qu'on a justement comparées aux actes d'un drame, et auxquels l'originalité de son talent donnait une immense popularité, fit de la cruauté envers les bêtes le premier degré d'une échelle menant jusqu'au crime. Hogarth avait sous les yeux, de l'autre côté du détroit et dans une sphère plus haute que celle où il avait placé ses personnages, un déplorable exemple de la vérité de ses assertions. Un jour, pour amuser Louis XV enfant, ses familiers firent déchirer sous ses yeux des milliers d'oiseaux par des faucons ; plus tard, dans un moment d'ennui, le jeune roi tira sur une biche apprivoisée qu'il avait lui-même élevée. La pauvre bête, blessée, vint caresser son bourreau ; un second coup de feu l'acheva. Triste éducation pour le maître absolu de vingt-cinq millions d'hommes ! Les philosophes français du dix-huitième siècle avaient trop d'abus à combattre, trop de réformes à réclamer, trop d'opprimés à secourir pour avoir le loisir de s'occuper beaucoup de victimes, intéressantes sans doute, mais d'un ordre inférieur. Nous n'avons guère trouvé en leur faveur que quelques lignes de Jean-Jacques Rousseau, éloquentes, mais déclamatoires, et, comme d'ordinaire, dépassant le but dans leur exagération. Les Anglais, plus heureux sous un gouvernement libre, devaient naturellement y penser davantage. Sterne leur a consacré plus d'une page charmante. Le mouvement de l'opinion publique s'accentua, et, au commencement du siècle actuel, lord Erskine proposa au Parlement un bill destiné à réprimer les mauvais traiments envers les animaux. « Nous louons beaucoup lord Erskine, dit M. Rodière dans son livre des *Grands jurisconsultes*, qui eut, le premier, l'idée de protéger les animaux contre la brutalité de l'homme et de provoquer une loi pour faire punir quiconque les frappait sans nécessité. Cette loi est tout à fait juste, et la France a bien fait de suivre en cela l'exemple de l'Angleterre. Dieu a donné à l'homme l'empire sur les animaux pour s'en nourrir et les faire mourir par conséquent. Mais au moment même où il les immole par nécessité, l'homme doit les traiter comme il traite son semblable condamné à mort à qui la charité prescrit absolument d'épargner toutes les tortures. Faire souffrir un animal sans nécessité est une action abominable parce que Dieu n'a créé aucun être pour la douleur, et nous devrions nous garder avec soin d'arracher un pétale au calice d'une fleur, si nous pouvions supposer qu'une fleur pût éprouver une souffrance. » — Le bill fut rejeté; le peuple anglais a, au plus haut degré, le respect du *mos majorum*, comme les Romains chez lesquels le même mot, *antiquior*, voulait dire à la fois plus ancien et préférable; les réformes les plus sages ne s'introduisent chez eux qu'à la longue; il est vrai qu'une fois adoptées elles sont définitivement acquises. Quelques années après, un membre de la Chambre des communes, Martin, reprit le projet d'Erskine; les esprits étaient suffisamment préparés, et le *Martin's act* fut voté. La France et la plupart des nations civilisées ne devaient pas tarder à imiter l'Angleterre. Chez nous, en 1849, le général de Grammont proposa à l'Assemblée législative un projet qui devint la loi du 6 juillet 1850, loi à laquelle il a donné son nom. Ceux qui exercent publiquement et abusivement de mauvais traitements contre les animaux domestiques sont passibles d'une amende d'un à cinq francs, et peuvent l'être d'un emprisonnement d'un à cinq jours. La peine de la prison est toujours appliquée en cas de récidive. Cette loi, remarquons-le, est conçue dans des termes restrictifs que les juges ne peuvent étendre puisqu'il s'agit de matières pénales. Il faut d'abord que les mauvais traitements soient publics; on peut critiquer cette disposition, mais on ne peut nier qu'elle ne soit conforme à l'esprit général de notre droit criminel. L'article 330 du code pénal ne réprime que l'outrage public à la pudeur, la loi du 23 janvier 1873 ne prévoit que l'ivresse publique. Les tribunaux d'ailleurs peuvent donner au mot « publiquement » un sens assez large; on a seulement cherché à éviter tout ce qui ressemblerait à une inquisition. Si le législateur ne châtie pas certains crimes ou délits cachés, ce n'est pas qu'il les approuve, c'est qu'il trouve plus d'inconvénients que d'avantages à les poursuivre. Mais nous avouons ne pas comprendre pourquoi les animaux domestiques sont seuls protégés; celui qui, après s'être emparé d'un animal sauvage, prend plaisir à le torturer, ne devrait pas rester impuni, et il est à souhaiter que l'on efface bientôt cette restriction que rien ne motive.

On peut encore signaler dans cette loi une autre lacune; elle n'indique pas les agents chargés de constater les faits de brutalité; la constatation rentre donc dans le droit commun ; elle ne demeure confiée qu'aux agents chargés de la recherche des contraventions en général. M. Goda fait à ce sujet les observations suivantes : « Une recommandation spéciale a été faite à la gendarmerie par le décret du 1er mars 1854... Cette disposition a pour objet d'appeler l'attention de la gendarmerie sur une contravention non réprimée antérieurement; elle a d'autant plus sa raison d'être qu'à la campagne la gendarmerie est à peu près seule compétente pour sa constatation... Cependant c'est sur la route et dans les champs qu'on exerce le plus d'actes de brutalité. Les gardes champêtres et gardes forestiers sont donc les agents dans les attributions desquels devaient rentrer naturellement les contraventions à la loi Grammont. Malheureusement ils sont incompétents, car leurs attributions sont limitées. D'après l'article 9 du code d'instruction criminelle, ils exercent la police judiciaire; mais l'article 16 du même code restreint leurs pouvoirs aux délits et contraventions qui auront porté atteinte aux propriétés rurales et forestières. On peut très certainement étendre leurs attributions, mais par des dispositions spéciales... aucune disposition analogue ne se trouve dans la loi Grammont (1). »

Mais les lois ne sont rien sans les mœurs. Ce qui importe surtout c'est que les idées d'humanité se répandent, c'est que la réprobation publique, plus efficace qu'une amende légère ou qu'un court emprisonnement, suive les actes de brutalité. Chacun de nous peut, dans son milieu, contribuer à répandre ces notions; mais dans notre monde moderne, pénétré de la vérité du vieil adage : « l'union fait la force, » il se forme des associations pour la propagation de toutes les idées. — La première société fondée dans un but de protection pour les animaux le fut à Londres, en 1824, par M. Martin, et peu d'années après elle comptait six mille associés. En 1838, une seconde se formait à Dresde ; la France en possède une depuis 1846, et il en existe maintenant dans presque tout l'Occident. L'Espagne même, cette patrie classique des combats de taureaux, souvenir encore vivant des jeux sanglants du cirque, en a vu récem-

---

(1) Voy. les *Travaux de l'Académie nationale de Reims*, t. 61, p. 92 et suiv.

ment s'établir une dans l'une de ses villes les plus avancées,
Barcelone.

Ces associations poursuivent toutes le même but ; mais par
des moyens divers. En Angleterre, la Société protectrice des
animaux a des agents spéciaux ayant pouvoir de verbaliser ; en
France, elle n'a aucune attribution répressive ; elle s'efforce, par
la distribution de primes et de médailles, par des récompenses
données aux publications utiles, d'améliorer le sort des animaux domestiques dans un but d'économie et d'hygiène publique aussi bien que de morale, de vulgariser les appareils et les
procédés qui peuvent les soulager dans leurs travaux et d'en-
courager dans toutes les classes de la société les habitudes
de douceur et de bienveillance. Elle a provoqué diverses déci-
sions moralisatrices, notamment une circulaire ministérielle du
4 septembre 1873 prohibant les combats de taureaux.

Tel est le point où nous sommes arrivés ; il y a certes encore
des progrès à faire dans le même sens ; nous avons confiance
qu'ils se feront. Depuis quelques années la question des vivi-
sections passionne les esprits, surtout de l'autre côté de la
Manche. Peut-on voir, dans les droits de la science, la justifica-
tion de ces expériences ? A Rome les médecins disséquaient,
dit-on, des esclaves vivants ; aujourd'hui on se contente d'opé-
rer *in anima vili*. La morale autorise-t-elle ces procédés ? Est-il
permis de faire un mal certain dans l'espérance d'un bien in-
certain ? C'est ce que nie un parti tous les jours plus puissant
en Angleterre et en Amérique, et le Parlement britannique a
donné déjà une satisfaction partielle à ses réclamations.

Nous n'avons guère cité, dans cette rapide étude, que des
faits ; nous ne nous proposions pas d'exposer, dans leurs détails,
des systèmes philosophiques pour essayer de les réfuter ou au
contraire d'en démontrer l'exactitude. Nous croyons cependant
que nos idées sur la répression des mauvais traitements envers
les animaux se sont manifestées assez clairement. Oui, il est
bon de les poursuivre. Ils ont ce double caractère d'être contraires
à la morale et d'être nuisibles à la société comme pouvant dé-
velopper chez leurs auteurs des instincts sanguinaires ; il est
donc juste de les punir comme le font la plupart des législateurs modernes. Que la vue du sang nous inspire tous les jours
plus d'horreur ; ne regardons pas d'un œil trop indifférent les

souffrances des humbles compagnons de nos travaux ; montrons enfin toujours et partout le plus grand respect pour la créature ; c'est là le meilleur hommage que nous puissions rendre au Créateur.